Jeroni

CW01665122

Photographies : Noël

Le Pays Catalan

Collioure - Vue de l'église de Notre Dame des Anges et de son célèbre clocher.

En vignette : La Senyera, le drapeau Catalan.

A Teresa, Maria i Miquel que m'han transmès
l'amor d'aquesta terra…
A Ascenció, Sibil·la i Michelle…

Editions Jean-Paul Gisserot

www.editions-gisserot.com

Introduction : Le Pays Catalan

Entre Pyrénées et Méditerranée, une terre et des hommes qui ont traversé les âges

Le visiteur qui découvre le Pays Catalan pour la première fois sera subjugué par la diversité de ses paysages, de son patrimoine naturel, culturel et architectural. Il sera accueilli par un peuple catalan fier de son identité.

Territoire aux mille paysages ancré dans les Pyrénées et baigné par la Méditerranée, la Catalogne du Nord est une terre de contraste et de diversité qui bénéficie d'un climat doux et ensoleillé, propice à la culture de la vigne, de l'olivier et des arbres fruitiers. Elle se présente comme un ensemble géographique varié composé par les comarques de la ***Cerdagne*** (la comarque est une division administrative et historique, l'équivalent d'un comté), du ***Capcir***, des ***Fenouillèdes***, du ***Vallespir*** et du ***Roussillon*** avec chacune leurs caractéristiques propres.

Situés au carrefour des civilisations depuis l'antiquité grecque et romaine, les Pays Catalans prospèrent grâce à l'expansion maritime en Méditerranée et deviennent une véritable puissance politique dans l'Europe du Sud. Au Moyen Âge, les comtés catalans connaissent un véritable âge d'or et un rayonnement spirituel, culturel et politique. Empreints de christianisme, ils se dotent d'une multitude d'édifices religieux remarquables où tous les styles architecturaux sont représentés notamment le roman et à moindre mesure le gothique. Cependant, marquée par une longue période de conflits de successions et de guerres entre les monarchies européennes, la Catalogne sera divisée lors du Traité des Pyrénées (1659).

En 1793, la Province Étrangère du Roussillon adopte le nom de département des Pyrénées-Orientales qui récupère les Fenouillèdes occitanes.

La Côte Vermeille - Quand les Pyrénées viennent se fondre dans la Méditerranée.

Canet-Saint Nazaire - Vue du Canigou depuis l'étang de Canet-Saint Nazaire.

Une langue romane

Langue romane au même titre que le français, le castillan ou l'italien, le catalan est déjà utilisé dans la littérature et l'administration dès le Moyen Âge. Il est aujourd'hui parlé par neuf millions de personnes à travers l'Europe.

Moins employé au nord qu'au sud des Pyrénées, le catalan reste un des piliers de l'identité catalane.

Une culture millénaire

Terre de troubadours, d'artistes et de bâtisseurs, le Pays Catalan affiche sa diversité culturelle à travers les arts, la musique, la gastronomie et l'architecture. Fort d'un héritage millénaire et de traditions ancestrales qui ont forgé son identité, le territoire comme le peuple catalan séduiront les visiteurs curieux de découvrir un patrimoine culturel exceptionnel.

Le Castillet - Emblème de la ville de Perpignan.

Abbaye de Saint-Michel de Cuixà dans le Conflent.

Au Nord du Pays Catalan :

Des Fenouillèdes au Roussillon

Les Fenouillèdes - *El Fenolledès (Cat) - El Fenolhedés (Occ)*

Historiquement occitane, la comarque des ***Fenouillèdes*** située au nord du Pays Catalan faisait frontière entre les royaumes de France et de Catalogne-Aragon. Elle mène vers les châteaux cathares de ***Peyrepertuse*** (XIe) et de ***Queribus*** (XIe) dressés sur les cimes des ***Corbières***. La contrée garde la trace des Anciens comme en témoignent l'***aqueduc romain d'Ansignan*** (IIIe), ou l'***ermitage franciscain de Saint Antoine*** (XVe) dans les gorges de Galamus.

Terre de vignobles réputés, les ***Fenouillèdes*** rejoignent la route des vins qui conduit dans le ***Roussillon***, à ***Estagel***, où naquit le célèbre physicien et astronome du XVIIIe siècle François Arago.

À quelques encablures, ***Tautavel*** témoigne des temps préhistoriques.

Depuis la découverte en 1971 d'un crâne datant de 450 000 ans. Ce village roussillonnais accueille aujourd'hui le ***Centre Européen de Recherches Préhistoriques*** et ses collections.

Le Roussillon - *El Rosselló*

Porte d'entrée en Terres catalanes...

Tout au Nord du ***Roussillon***, la ***Porte Catalane*** marque l'entrée en Pays Catalan. À proximité, la ***forteresse de Salses*** à l'architecture militaire imposante a joué un rôle de sentinelle durant plusieurs siècles. Cet ouvrage du XVe siècle, réalisé par l'architecte Ramiro Lopez sur ordre de Ferdinand II d'Aragon devait renforcer la frontière catalane

Pont-Aqueduc d'Ansignan - Exceptionnellement préservé, cet ouvrage long de 170 mètres combine un aqueduc et un viaduc qui porte encore la trace des chars romains.

Tautavel - Centre Européen de Recherches Préhistoriques.

Les Fenouillèdes - Paysage minéral et vignobles.

et servait de verrou entre les royaumes de Catalogne-Aragon et de France. Après le Traité des Pyrénées de 1659 et l'annexion française, l'ingénieur militaire Vauban y apportera de légères modifications sans toutefois en altérer la structure principale.

Le fort rectangulaire enseveli en profondeur est entouré par trois enceintes et des murs colossaux. Il se compose d'une place d'armes, de magasins, d'écuries et de logements de garnisons. On accède au donjon par un pont-levis. La ***forteresse de Salses*** s'illustre comme un des premiers exemples de fortification rasante en Europe qui fait la transition entre la citadelle classique de l'époque moderne et le château médiéval.

Forteresse de Salses - Le fort rectangulaire enseveli en profondeur est entouré par trois enceintes et des murs colossaux. Il se compose d'une place d'armes, de magasins, d'écuries et de logements de garnisons. On accède au donjon par un pont-levis. La forteresse s'illustre comme un des premiers exemples de fortification rasante en Europe qui fait la transition entre la citadelle classique de l'époque moderne et le château médiéval.

Perpignan - Vue générale avec le Palais des Rois de Mallorca sur les hauteurs de la ville.

« Fidelissima Vila de Perpinyà » Ville fidèle de Perpignan
Ce titre fut octroyé par Le roi catalan Joan II en 1474 à la ville pour sa résistance durant le long siège des troupes françaises de Louis XI.

Perpignan : La capitale du Roussillon

Fondée à partir d'une villa romaine et de ses dépendances, ***Perpignan*** devient, dès le Xe siècle, la résidence des comtes du Roussillon. De la période antique ne subsistent que les vestiges de Ruscino (Château Roussillon). En 1197, Pierre II, comte de Barcelone et Roi d'Aragon, lui octroie la charte communale qui lui confère pouvoirs et privilèges. En 1258, la signature du Traité de Corbeil entre Jacques Ier le Conquérant et Saint Louis scelle le lien entre Perpignan, Barcelone et la couronne catalano-aragonaise.

Entre les XIIe et XIVe siècles, la ville profite de l'expansion maritime catalane en Méditerranée. Son essor basé sur l'industrie drapière, les métiers corporatistes et les échanges commerciaux lui permettra, au XIIIe siècle, de devenir la capitale du Royaume de Majorque qui comprenait les comtés de ***Cerdagne***, du ***Roussillon***, les ***îles Baléares*** et ***Montpellier***.

Bien que le royaume prenne fin en 1344, cela n'altère pas pour autant le dynamisme de la ville qui maintient son influence politique, ses structures consulaires et un corporatisme puissant. Forte de ses institutions et sous l'impulsion des consuls de la cité et du roi de Catalogne-Aragon, Pierre III, ***Perpignan*** se dote d'une ***université*** dès 1350, ce qui en fait l'une des plus anciennes d'Europe. On y enseigne alors la théologie, le droit et les arts. Un siècle plus tard, la ville sera marquée par le long siège de Louis XI. Elle capitulera en 1475. Charles VIII ne restituera la ville et les comtés à Ferdinand II d'Aragon qu'en 1493, après vingt ans d'occupation française.

Prise dans les conflits et les intérêts des monarchies française et espagnole, ***Perpignan***, à l'instar des villes et des comtés catalans, vivra des temps difficiles entre les XVIe et XVIIIe siècles : Tout d'abord, le Traité des Pyrénées de 1659, puis la guerre de succession qui touche l'Europe au début du XVIIIe. Annexée, cette dernière devient alors la capitale de la Province Étrangère du Roussillon et Louis XIV fait appel à Vauban qui y construira de nouveaux remparts et renforcera sa citadelle. Ces fortifications seront démolies au début du XXe siècle car elles représentaient une contrainte à l'expansion urbaine.

Le cœur médiéval de la cité

Façonné par des siècles d'histoire, ***Perpignan*** a préservé son identité catalane et méditerranéenne. Le cœur médiéval de la cité se compose des quartiers de ***Saint-Jean***, de ***Saint-Jacques***, de ***Saint-Matthieu*** et de ***la Réal*** qui abritent multitudes d'églises, de couvents et de placettes. L'***Hôtel de ville***, le ***Palais de la Députation*** et la ***Loge de Mer*** ou encore le ***Palais des Corts*** (XVe) s'y détachent par la préservation de leur architecture remarquable. Ils reflètent la puissance institutionnelle de leur époque tout comme la richesse patrimoniale de la cité transparaît à travers les demeures des notables telles la ***Maison Julia*** (XIVe) et la ***Casa Xanxo*** (frise en ronde-bosse du XVIe).

Une forte connotation religieuse imprègne le cœur de ***Perpignan*** qui fait revivre la Passion du Christ chaque Vendredi saint lors de la ***Procession de la Sanch***.

La Cathédrale Saint-Jean et le Campo Santo ou encore le ***quartier Saint-Jacques***, qui abrite les ***couvents des Dominicains*** (XIIIe), ***des Minimes*** (XVIe) et l'***église Saint Jacques*** (XIIIe), en sont le témoignage fervent.

Stratégiquement situé sur un promontoire dominant la ville, le ***quartier de la Réal*** abrite l'***église Sainte-Marie*** (XIVe) et un ensemble fortifié comprenant l'***ancien arsenal***, la ***citadelle*** et le ***Palais des Rois de Majorque***.

Perpignan ville d'art et d'architecture

Ville d'art et d'histoire, ***Perpignan*** accueille plusieurs centres d'art dont le ***Musée Hyacinthe Rigaud***, nommé ainsi en l'honneur de l'enfant du pays, peintre et portraitiste de Louis XIV et des monarques européens du XVII. Le musée abrite des collections des époques gothique, baroque et moderne allant du XIIIe au XXe siècle.

Situé dans le ***quartier Saint-Gaudérique*** et fondé par le décorateur Firmin Bauby, parrainé par Aristide Maillol, Raoul Dufy et Albert Bausil, le ***centre de la céramique Sant Vicens*** témoigne de la créativité catalane. Il a acquis une notoriété internationale en accueillant Picasso, Dalí, Miró ou Jean Lurçat qui y séjourna.

Résolument tournée vers l'avenir, ***Perpignan*** sort de son centre pour épouser sa périphérie. Cette image surréaliste, elle la doit au peintre Salvador Dalí lorsqu'il déclare publiquement que la ***gare de Perpignan*** est le « Centre du Monde ». De nos jours, celle-ci s'est métamorphosée en colosse architectural contemporain pour accueillir les trains à grande vitesse.

Dans un élan lyrique et poétique le ***théâtre de l'Archipel***, œuvre de Jean Nouvel, redessine en couleurs les courbes de la ville. Il symbolise le renouveau culturel et artistique de Perpignan la Catalane.

Procession de la Sanch - Lors du Vendredi Saint, entre foi et passion, Perpignan vit au rythme de la Sanch.

Musée Rigaud - Collections des époques gothique, baroque et moderne allant du XIIIe au XXe siècle.

En haut : La loge de mer - La caravelle en fer forgé saillant en hauteur sur l'angle de l'édifice symbolise la puissance maritime catalane.

Ci-dessus : L'hôtel de Ville - Le patio qui abrite *La Méditerranée* d'Aristide Maillol.

- La Loge de Mer - La Llotja de Mar

Fondée au XIVe siècle par Jacques Ier de Catalogne-Aragon, la ***loge*** servait de bourse de commerce et de Consulat de Mer. La caravelle en fer forgé saillant en hauteur sur l'angle de l'édifice symbolise la puissance maritime catalane. Son architecture caractéristique du gothique flamboyant fait écho à celle du ***Palais de la Generalitat*** à Barcelone.

- Le Palais de la Députation
- El Palau de la Diputació

Contigu à l'***Hôtel de Ville***, l'ancien ***Palais de la Députation*** fut édifié dans la deuxième moitié du XVe pour être le siège de la représentation permanente de la Generalitat (Gouvernement de Catalogne). Occupé par le Conseil souverain du Roussillon après le Traité des Pyrénées de 1659, il devient palais de Justice et s'intègre à la mairie au XIXe.

- L'Hôtel de ville (XIIIe, XVIe et XVIIe)
- La Casa de la Vila

Jouxtant la ***Loge de Mer***, la mairie se compose autour d'un patio à arcades illuminé par « La Méditerranée», chefs-d'œuvre de Maillol. À l'intérieur, la salle consulaire (XVe) conserve un remarquable plafond à caisson. Surplombant sa façade, les 3 bras en bronze symbolisent le pouvoir royal, la bourgeoisie et le peuple.

- Le Castillet - El Castellet

Construit au XIVe siècle sous le règne de Pierre IV de Catalogne-Aragon, le ***Castillet*** est l'icône de la ville. Cette porte fortifiée ouvrant sur le centre historique, abrite le musée d'histoire de Catalogne du Nord.

Le Castillet - Emblème de la ville de Perpignan.

1, 2 : **La Cathédrale Saint Jean Baptiste -** Retable en albâtre du maître-autel : scènes de la vie de St Jean-Baptiste.
3 : Portique roman de l'église de **Saint-Jean-le-Vieux.** 4 : **Le Campo Santo.**

- La Cathédrale Saint-Jean-Baptiste et le Campo Santo

Bâtie entre les XIVe et XVIe siècles dans le style gothique méridional, sa nef et ses chapelles latérales sont monumentales. Richement dotée, elle abrite plusieurs retables baroques (XVIIe et XVIIIe) qui représentent saint Gaudérique, sainte Eulalie et sainte Julie entre autres. Sous le buffet d'Orgue, un passage donne accès à la ***chapelle de Notre-Dame dels Còrrecs*** (XIe) qui se trouve sur l'emplacement de l'ancienne ***église de Saint Jean le Vieux***. Sur la partie Sud, une chapelle abrite le Dévot Christ, œuvre majeure en bois de provenance rhénane datant de 1307. Adossé au sud de la cathédrale, le ***Campo Santo*** (XIVe) figure parmi les cimetières médiévaux des plus importants d'Europe.

Le Palais des rois de Majorque est un exemple d'architecture gothique catalane inspiré des palais majorquins et mauresques.

- Le Palais des Rois de Majorque
- El Palau dels Reis de Mallorca

Édifié en 1274 sur la partie haute de la ville sous le règne de Jacques II, le ***Palais royal*** servit de résidence aux Rois de Majorque jusqu'en 1344. Il sera le centre du pouvoir politique et économique du royaume de Majorque durant cette courte période de faste et de raffinement. Placé sous la régence des rois de Catalogne-Aragon, il garde ses fonctions consulaires et politiques jusqu'au début du XVe siècle.

Palais des Rois de Majorque - Entrée principale.

Au XVIe siècle, Charles Quint puis Philippe II transforment le palais en citadelle en l'entourant de remparts. Après le Traité des Pyrénées de 1659, Vauban renforcera la structure lui conférant une fonction strictement militaire.

Son entrée principale ouvre sur une cour d'honneur entourée d'arcades et la partie centrale se compose d'un donjon qui s'élève sur deux chapelles superposées. L'ensemble recouvre la salle d'honneur, siège du pouvoir politique et résidence royale. La chapelle haute située au cœur des appartements royaux et la chapelle basse sont toutes deux richement ornementées. Une galerie permet d'accéder à la salle d'honneur où se déroulaient réceptions et banquets.

Entre Aspres et Riberal : le Roussillon intérieur

En suivant le cours de la Tet, le ***Roussillon*** couvre des territoires fertiles et irrigués et marque un trait d'union entre la plaine et les reliefs montagneux. Sur la rive nord, le village de ***Belesta*** de la Frontière et son ***château-musée*** témoignent du passé néolithique de la région. Il a conservé les bornes frontières datant du Traité de Corbeil signé en 1258 entre le Royaume de France et le Royaume de Catalogne-Aragon.

Ille-sur-Tet - Vue de l'église baroque de Saint-Étienne d'Ille, *Sant Esteve del Pedreguet.*

Ille-sur-Tet - *Illa*

Rive sud, la ville d'***Ille*** entourée de vergers offre un patrimoine naturel et culturel d'exception. Immortalisée par Prosper Mérimée dans la nouvelle « La Vénus d'Ille » en 1834, ***Ille-sur-Tet*** s'enorgueillit d'être le berceau de l'écrivain et poète Joseph Sebastià Pons (1886-1962) qui reste une référence des lettres catalanes.

La cité qui a conservé une partie de son enceinte médiévale, accueille l'***église romane de la Rodona*** (XIIIe siècle) et l'***église baroque du Tiers Ordre des Carmes*** (XVIIIe), laquelle abrite une série de toiles peintes par l'atelier Guerra (XVIIe) réputé pour être le plus important de la période baroque. Dans le ***vieil Ille***, bâtie à partir d'un ancien édifice roman, l'***église Saint-Étienne*** (XVIIIe) défie de par ses dimensions les cathédrales. Composée d'un clocher de style roman, d'une nef néo-gothique, d'une abside pentagonale et d'une façade baroque, elle abrite de remarquables retables des XVIIIe et XIXe et un buffet d'orgue de cathédrale.

- *L'hospici d'Illa* - Centre d'art sacré
- *Hospital de Sant Jaume dels pobres*

Cet édifice au fronton baroque a été fondé au Moyen Âge pour accueillir les pauvres. Remodelé au XVIIIe siècle, il a gardé sa structure hospitalière avec ses 20 alcôves, sa chapelle et sa sacristie. Devenu centre d'art sacré du Pays catalan, il expose les peintures murales médiévales de Casesnoves (XIIe) et plusieurs collections d'œuvres d'art roman et baroque, précieux témoignage du patrimoine religieux catalan.

- Les Orgues d'Ille

Site naturel protégé et phénomène géologique exceptionnel, les ***Orgues d'Ille*** sont le résultat de l'érosion de roches sédimentaires accumulées par couches successives depuis plus de 5 millions d'années. Le relief se compose de cheminées de fées, de falaises et de canyons aux colorations ocre. Unique en son genre, ce site à la beauté minérale est un incontournable du Pays Catalan.

Les Orgues d'Ille.

Thuir (Tuïr) - Ancienne cité médiévale, Thuir s'articule autour de son centre historique (la Cellera). Elle abrite l'église de ND. de la Victoire (XVIIIe), les Chapelles de la Pietat (XIIe), de St. Sébastien (XVe) et les Caves Byrrh. **À droite : Caves Byrrh -** Hall d'expédition signé Eiffel.

Au pied du Canigó, les Aspres...

Terre de soleil et de garrigue aux mille fragrances, les ***Aspres*** abritent de nombreuses églises romanes et plusieurs villages de caractère dont certains ont conservé la trace des Templiers. De ***Terrats*** à ***Fourques*** en passant par ***Sainte Colombe de la Commanderie***, la vigne et le chêne-vert façonnent le paysage. La ville de ***Thuir***, liée à l'histoire viticole du Roussillon, célèbre son idylle dionysienne à travers la légende de l'emblématique apéritif : le Byrrh.

Castelnou - Situé dans un cadre idyllique, le village de Castelnou garde toute son allure médiévale.

- *Thuir : La famille Violet et les Caves Byrrh*

En 1866, les frères Violet inventent un élixir aux vertus médicinales à base de quinquina : le Byrrh était né. Forts de leur succès, les établissements Violet se développent et emploient plus de 750 ouvriers au début du XXe siècle. Le ***hall d'expédition***, signé Eiffel, devient la gare des exportations qui doivent contenter plus de 350 000 clients répartis à travers le monde. Patrimoine industriel majeur du Pays Catalan, les ***caves Byrrh*** se visitent. Elles abritent la plus grande cuve de chêne au monde pouvant contenir un million deux cents litres de vin.

- Castelnou - Castellnou

Sur les contreforts des ***Aspres***, un piton rocheux abrite le village médiéval de ***Castelnou*** datant du Xe siècle. Possession du comté de Besalú, le lieu a été une place militaire et administrative entre les Xe et XIIIe siècles. Prisé par les artistes pour son cadre majestueux, l'ensemble se compose d'un ***château vicomtal et de ses remparts*** (XIe et XIIe), d'une ***tour de guet extérieure*** et de l'***église romane de Santa Maria del Mercadal*** bâtie au XIIIe siècle.

Prieuré de Serrabona - Joyau de l'art roman.

La tribune du prieuré - Les diverses sculptures qui ornementent piliers, colonnes et chapiteaux composant la tribune offrent un bestiaire fantastique de lions, d'aigles et d'hommes, d'une représentation de saint Michel Archange, le tout complété par des motifs végétaux tels que des palmiers, des fleurs et des feuilles d'acanthe.

- Prieuré de Serrabona
- Priorat de Santa Maria de Serrabona

Fondé par l'ordre de Saint-Augustin au XIe, le ***Prieuré de Serrabona***, joyau de l'art roman catalan, était aussi un lieu de pèlerinage en plus de sa vocation monacale. Rattaché au diocèse de Solsona (Catalogne) au XVIe siècle sur ordre du pape Clément VIII puis mis sous séquestre durant la révolution française, il tombe en désuétude. En 1838, Sous l'impulsion de l'historien Jaubert de Passa, des travaux de réfection sont entrepris pour restaurer le site qui sera définitivement réhabilité dans les années 1960.

Le prieuré actuel est constitué d'une nef principale voutée en berceau du XIe et d'un transept. L'agrandissement du XIIe a permis de rallonger la nef sur les côtés et la construction d'un transept de trois corps avec un chevet, une abscisse semi-circulaire et deux absidioles. Sur le flanc sud, la galerie de six arcs est soutenue par huit colonnes dont les chapiteaux sculptés reprennent des figures humaines, végétales et animales. Toutefois, Le joyau de Serrabona se situe dans la nef centrale où se trouve la tribune de marbre rose dont la structure de voûtes croisées soutenues par des doubles colonnes laisse apparaître les motifs finement sculptés par le Maître de Cabestany.

"Aquest monestir amb sa quietud de pedres daurades, així com les fulles per l'aire colrades, domina la vall i la solitud".
"Ce monastère avec sa quiétude de pierres dorées, tout comme les feuilles au vent, domine la vallée et sa solitude...". *J.S. Pons. Serrabona. Roses i xiprers, Poesia Completa, op.cit., p.25*

- Monastir del Camp
- Monestir de Nostra Senyora del Camp

Construit entre les XIe et XIIIe siècle, l'***ancien monastère augustin de Nostra Senyora del Camp*** se compose d'un cloître gothique formé par 27 arcades trilobées d'une grande élégance. L'église romane datée du XIIe s'orne d'un portail de marbre blanc constitué de colonnes surmontées de chapiteaux sculptés de figures humaines et animales.

Passa - Le Monastir del Camp.

De la plaine du Roussillon au massif des Albères...

Elne - *Elna*

Avec plus de 2000 ans d'histoire, Illibéris, cité ibère puissante dans l'antiquité, garde en mémoire le passage du chef carthaginois Hannibal lors de la seconde guerre punique (218 av. J.C). Au IVe siècle, Helenae devient capitale du ***Roussillon*** sous l'empereur romain Constantin. Cité militaire, commerçante et spirituelle dans la Catalogne médiévale, siège épiscopal du ***Roussillon*** à partir du VIe siècle, elle exerce une influence religieuse importante jusqu'au XVIIe.

- La Cathédrale Sainte Eulalie et Sainte Julie (XIe s.) et le cloître (XIIe et XIVe s.)

Construite à partir du XIe siècle, la cathédrale se distingue par son clocher roman quadrangulaire. Composée de trois nefs voûtées terminées par trois absides semi-circulaires, elle abrite un bénitier antique reproduisant des feuilles d'acanthe, un autel primitif et le retable de sainte Marthe et de saint Michel (XVe).

Adossé à la cathédrale, le ***cloître*** est un chef-d'œuvre de raffinement architectural. Sa construction débute en pleine période de rayonnement de l'art roman et se poursuit tout au long de la période gothique entre le XIIe et le XIVe siècle. Les chapiteaux sont ornés d'entrelacs, de spirales, de cannelures, de motifs floraux et végétaux, d'animaux fantastiques et de scènes religieuses. Représentatif de la sculpture médiévale roussillonnaise, le ***cloître*** s'apparente à celui du ***monastère de Santa Maria de Ripoll*** (Catalogne).

Situés sur l'oppidum qui domine la ville, **la cathédrale Sainte-Eulalie et Sainte-Julie** (XIe s.) et **le cloître roman gothique** (XIIe et XIVe s.) sont des joyaux architecturaux.

Vue de la plaine du Roussillon. En toile de fond, le massif des Albères vient plonger dans la Méditerranée.

Ville riche et convoitée, elle sera le théâtre de nombreux conflits tel le massacre en 1285 de sa population réfugiée dans la cathédrale après le siège des troupes de Philippe le Hardi.

Elne restera une ville de résistance à l'oppresseur tout comme en témoigne l'histoire de la Maternité d'Elne qui met en lumière la bravoure de l'infirmière suisse Elisabeth Eidenbenz laquelle aménageât une maternité de fortune pour sauver plus de six cents enfants entre 1939 et 1944.

Ville d'art, elle accueille le musée dédié au peintre illibérien Étienne Terrus dont les toiles évoquent les paysages du ***Roussillon***. Ami intime de Maillol, de Matisse et de Derain, il est un des précurseurs du Fauvisme.

Saint-Genis-des-Fontaines - Le cloître de l'ancienne abbaye bénédictine deSaint-Genis-des-Fontaines (XIIIe) se caractérise par la polychromie de ses marbres et ses chapiteaux ornementés.

Le Massif des Albères et l'Art Roman

Comme le révèle le ***Centre de Sculpture Romane de Cabestany*** à travers les sculptures, le Roussillon est maître en matière d'art roman. C'est aussi le cas au Sud d'***Elne***, sur le ***piémont des Albères***. Entre les Xe et XIIIe siècles, les ordres religieux ont bâti un grand nombre de chapelles et d'églises, typiques de l'art roman et préroman. L'***église abbatiale de Saint André*** (XIIe), le ***prieuré de Santa Maria del Vilar*** (XIe) ou le ***cloître de saint-Génis-des-Fontaines*** (XIIIe) en sont de remarquables exemples.

Placé à l'entrée de l'église romane (XIe) Saint-Michel, **le linteau sculpté** (1019-1020), exemple unique en Europe est une des plus anciennes sculptures romanes datées.

Du piémont à la montagne

Le Conflent - *El Conflent*

Autre commune au riché passé, ***Vinça*** nous ouvre les portes du ***Conflent***. Non loin, enroulé sur sa colline, le village classé d'***Eus*** se détache surplombant une mer de vergers et de bocages verdoyant sous la protection du majestueux ***mont Canigou***.

Ici, l'Architecture romane atteint le summum de son art. De ***Saint-Michel de Cuìxa*** à ***Saint-Martin du Canigou*** en passant par le ***Prieuré de Marcevol***, une multitude de chapelles d'églises et d'abbayes romanes ponctuent le chemin du pèlerin.

La nature aussi variée qu'exceptionnelle du ***Conflent*** se traduit également à travers ses cités fortifiées, son passé minier, son thermalisme.

Sur le versant Nord, une réserve naturelle héberge une variété florale exceptionnelle. Ces paysages d'une rare beauté dominent la route qui mène à ***Villefranche de Conflent***. Une Senyera (nom du drapeau catalan) flotte sur les ruines du ***château de Rià*** rappelant la naissance du comte Guifré d'Arrià et désignant cette terre comme étant le berceau de la Catalogne.

Prades - *Prada*

La capitale du ***Conflent***, épanouie telle une rose des vents au confluent de quatre vallées, se concentre autour de l'***église Saint Pierre*** (XVIIe) qui recèle un reliquaire considéré comme un véritable trésor ainsi qu'un magnifique retable baroque du maître-autel datant du XVIIe siècle, œuvre du sculpteur Josep Sunyer.

La ***place de la République*** centralise les activités de la ville : marché, Université Catalane d'Été, Festival Casals

Eus - Situé sur un promontoire, le village bénéficie d'une illumination quasi permanente du soleil toute l'année.

Vinça - Vue de l'église Saint Julien et Sainte Baselisse (XVIIe-XVIIIe) protégée par le massif du Canigou.

Maître Pau Casals

Chaque année, le Festival Casals, festival de musique classique, attire les mélomanes du monde entier autant pour les concerts que pour les masters class qui ont pour cadre les hauts lieux de l'art roman du ***Conflent*** empreints du souvenir du Maître. Virtuose et humaniste, le compositeur catalan trouve refuge à ***Prades*** en 1939 pour échapper au joug du franquisme. Depuis le ***Conflent***, Il multiplie les actions culturelles porteuses d'un message de paix à caractère universel. Grâce à lui, la ville hérite du Festival, véritable référence musicale internationale.

Prades - La place de la République centralise les activités de la ville : marché, Université Catalane d'Été, Festival Casals.

Pic du Canigou - Symbole fort de la Catalogne, il culmine à 2785 mètres d'altitude.

Muntanyes regalades són les del Canigó, elles tot l'any floreixen, primavera i tardor.

Ces Montagnes d'où l'eau ruisselle, se sont celles du ***Canigou***, elles fleurissent toute l'année, au printemps et en automne. *Jacint Verdaguer. Muntanyes Regalades. Canigó 1886.*

L'abbaye de Saint-Michel de Cuixà est un des trésors de l'art roman en Pays Catalan.
À gauche : Le clocher de l'abbaye aux arcatures lombardes ; **au centre :** La nef principale ; **à droite :** Une partie du cloître de Cuixà.

Au cœur de l'Art roman…

- Abbaye de Saint-Michel de Cuixà
- Abadia de Sant Miquel de Cuixà

Avec plus de mille ans d'histoire, l'***abbaye bénédictine de Saint-Michel de Cuixà*** est une merveille de l'Art roman. Sous l'impulsion de l'Abat Oliba qui joua un rôle fondamental dans les rapports politiques et religieux du XIe siècle, elle devient un centre spirituel, artistique et culturel de premier ordre dans l'Europe chrétienne entre les Xe et XIIe siècles. L'abbaye connut une longue période de déclin qui mena au pillage d'une partie de ses sculptures. Certains chapiteaux seront revendus à des collectionneurs. Actuellement, une partie du cloître est visible au Cloisters Museum à New York.

Entre la fin du XIXe et le début du XXe siècle, l'abbaye retrouvera sa superbe grâce à l'intervention du poète catalan Jacint Verdaguer qui la mentionne dans son œuvre littéraire majeure « Canigó » et à l'évêque de Perpignan Jules Carsalade du Pont qui rachète les ruines pour les restaurer.

Cuixà doit sa splendeur notamment à son clocher dont la masse imposante décorée d'arcatures lombardes, rejaillit dans le paysage chatoyant du ***Conflent***. L'église préromane, la chapelle del Pessebre et la crypte datent du Xe siècle. Cette dernière se compose d'un pilier central qui soutient la voûte annulaire. De grande dimension, l'église est constituée de trois nefs séparées par d'épais murs aux ouvertures en arc outrepassés. Le transept, tout en simplicité, complète cet ensemble harmonieux.

Le cloître du XIIe siècle, reconstitué grâce à la récupération d'éléments disséminés, permet d'imaginer l'aura originelle du lieu. Certains des chapiteaux en marbre rose du cloître actuel proviennent de la tribune intérieure démontée au XVIe siècle. Ces bas-reliefs raffinés offrent aux regards une iconographie au bestiaire fantastique et aux motifs végétaux de toute beauté.

Renouant avec la vie monacale grâce à la communauté bénédictine de Montserrat, ***Saint-Michel de Cuixà***, s'inscrit parmi les grands symboles de la Catalogne chrétienne au même titre que le ***monastère de Santa Maria de Ripoll et de Montserrat*** *(Catalogne Sud)*.

Saint Martin du Canigou - À gauche : Vue de l'abbaye romane.
À droite : Nef voutée en berceau de l'église de Saint Martin bâtie sur la partie supérieure de l'abbaye.

- Abbaye de Saint-Martin-du-Canigou
- Abadia de Sant Martí del Canigó

L'***abbaye bénédictine de Saint-Martin-du-Canigou*** s'élève sur un éperon rocheux à 1094 mètres d'altitude. Fondée par le Comte Guifred II de Cerdagne, consacrée en l'an 1009 par l'Abat Oliba et confirmée par le pape Serge IV en 1011, l'abbaye devient un lieu de pèlerinage et connaît son apogée entre le XIe et XIIe siècle. Ayant subi le même sort que ***Saint-Michel de Cuixà*** au sortir de la révolution française, profanée et pillée, elle doit son renouveau en 1902 à l'évêque de Perpignan qui entreprend les travaux de restauration.

Bâtie sur deux niveaux, l'abbaye se compose de plusieurs bâtiments. Sur la partie supérieure le clocher carré aux arcatures lombardes qui s'élève sur cinq étages jouxte l'***église de Sant Martí*** qui se compose de trois nefs maintenues par des colonnes cylindriques.

Sur la partie inférieure de l'édifice se trouvent une crypte, une église dédiée à la Vierge et le cloître. Ce dernier, modifié lors de sa restauration, présente des chapiteaux richement ornementés. Abritant désormais la Communauté catholique des Béatitudes, ***Saint-Martin-du-Canigou*** figure parmi les joyaux de l'art roman.

- Prieuré de Marcevol
- Priorat de Marcèvol

Sur la commune d'***Arboussols***, le ***prieuré de Marcevol***, fondé au XIIe siècle par l'Ordre du Saint-Sépulcre, se distingue par son tympan de marbre rose situé en façade et son clocher asymétrique. Sobre, il se compose d'une église à trois nefs et d'un réseau de chapelles. L'absidiole de ce chef-d'œuvre de l'Art roman conserve des fragments de peintures murales représentant le Christ Pantocrator entouré de deux anges tenant les saintes Écritures.

Prieuré de Marcevol.

1

2

3

Villefranche du Conflent - Témoin privilégié de l'histoire catalane. Les remparts de la ville, bâtis entre les XIe et XVe siècles, sont un exemple d'architecture militaire. ❶, ❷ : Le Fort Libéria sur les hauteurs de la cité. ❸ : Vue Générale de la cité fortifiée.

Villefranche de Conflent - *Vilafranca del Conflent*

(Patrimoine UNESCO)

Au confluent de trois vallées encaissées, ***Villefranche de Conflent***, apparaît puissamment repliée derrière ses remparts. Au XIe siècle, les comtes-rois catalans font de cette place militaire un verrou stratégique qui permet de contrôler le passage entre le ***Roussillon*** et la ***Cerdagne***. Accessible par les portes fortifiées, la cité ouvre sur un ensemble architectural préservé selon le modèle médiéval. Le chemin de ronde sur les remparts est facilement accessible.

À l'intérieur de la place forte, l'***église Saint-Jacques*** (XIIe), mélange de styles roman et gothique, possède un portique richement ouvragé. Sur la partie nord de la ville, le ***pont de Saint-Pierre*** permet d'accéder au ***Fort Liberia***. Ce fort construit sur les hauteurs de ***Villefranche*** par Vauban en 1681 renforce le contrôle des artères de communication pour briser les tentatives de rébellion consécutives au Traité des Pyrénées.

Les grottes des Canalettes

À deux pas, les ***grottes des Canalettes***, féeriques et envoûtantes, nous offrent un voyage au centre de la terre. Merveilles de la nature, leurs concrétions uniques en Europe sont un pur spectacle de beauté cristalline.

Le petit train Jaune - *El Tren groc* Au cœur du patrimoine catalan

Au départ de ***Villefranche***, il relie le ***Conflent*** à la ***Cerdagne***. La ligne de chemin de fer mise en service au début du XXe siècle représentait pour l'époque un véritable défi technologique, non seulement par le choix de l'alimentation électrique au niveau des rails mais aussi par les ouvrages qui ont été conçus pour franchir ces reliefs escarpés tels que le ***pont Séjourné*** ou le ***pont suspendu Gisclard***.

Vernet-les-Bains - *Vernet*

Point de départ pour les ascencions au ***Canigou***, la localité jouit d'un climat agréable et bénéficie d'une bonne notoriété en matière de thermalisme. De la Belle Époque, elle garde le souvenir du passage d'une partie de l'aristocratie européenne et de l'attachement de l'écrivain britannique Rudyard Kipling qui y séjournât à plusieurs reprises.

À l'instar de ***Vernet***, ***Molitg-les-Bains*** nous offre sa cure d'eaux bienfaisantes, tandis que, plus en amont, dans la ***vallée de la Castellane***, le village fortifié de ***Mosset*** s'entoure d'un cadre bucolique composé de verts pâturages.

1

2

3

❶ : **Les grottes des Canalettes -** À quelques mètres de Villefranche, les grottes des Canalettes, féeriques et envoûtantes, nous offrent un voyage au centre de la terre. Merveilles de la nature, leurs concrétions uniques en Europe sont un pur spectacle de beauté cristalline. ❷ : **Mosset -** Le village fortifié de Mosset dans la vallée de la Castellane enveloppé par un écrin de verdure est une ode à la nature. ❸ : **Le petit train jaune -** Passage sur le pont Séjourné. Il traverse le parc naturel régional des Pyrénées catalanes et une variété de paysages à couper le souffle avant de rejoindre la gare de La Tour de Carol en Cerdagne.

La Cerdagne - *La Cerdanya*

Ancrée dans les Pyrénées à plus de 1200 mètres d'altitude, la ***Cerdagne*** est un vaste plateau entouré de massifs montagneux grandioses. Au sud, celui du ***Puigmal*** culmine à 2910 mètres. Au Nord, le ***Pic Carlit***, du haut de ses 2921 mètres, domine tous les autres sommets. Troupeaux de vaches et de moutons parsèment un décor pastoral jalonné d'églises romanes et de vieux villages pyrénéens. Ce paysage varié et préservé doté d'une faune et d'une flore exceptionnelles, bénéficie d'un climat ensoleillé été comme hiver. Au sud, le ***massif du Cambre d'Ase*** fait partie du domaine skiable des Neiges Catalanes qui s'étend sur plus de 180 kilomètres formé par huit stations de sports d'hiver réparties entre la ***Cerdagne*** et le ***Capcir***.

Entre ***Cambre d'Ase*** et ***Puigmal***, le village d'***Eyne*** s'intègre dans une réserve naturelle comptant plus de 500 plantes étudiées par les botanistes du monde entier.

Partagé en 1659 lors du Traité des Pyrénées, la comarque de ***Cerdagne*** conserve une unité géographique, historique et humaine à l'image de la ville transfrontalière de ***Puigcerdà-Bourg-Madame***, poumon économique et culturel.

Cerdagne - Vue du pic Carlit.

Mont-Louis - *Montlluís*

(Patrimoine UNESCO)

Afin de contrôler le territoire catalan sur tous ses flancs, Louis XIV charge l'ingénieur militaire Vauban de construire une forteresse un emplacement stratégique. ***Mont-Louis*** devient alors la sentinelle de la ***Cerdagne*** (XVIIe). L'intérieur de la cité fortifiée reste fidèle au plan de Vauban avec sa citadelle, ses bastions, retranchements, remparts et fossés.

Cerdagne - La chapelle romane de Santa Maria de Bell lloc (XIIIe) à **Dorres**.

La cité fortifiée de **Mont-Louis**.

Odeillo - Le village accueille le plus grand four solaire du monde qui permet au CNRS de continuer ses travaux de recherche sur l'énergie solaire.

Font-Romeu-Odeillo - *Font-romeu-Odelló*

Célèbre au début du XXe siècle grâce à son ***Grand Hôtel***, point de rencontre du gotha de l'époque, la station climatique bénéficie d'équipements sportifs adaptés qui en font un centre d'entraînement international pour les sportifs de haut niveau. ***Font-Romeu*** est aussi un haut lieu de pèlerinage, rendez-vous de milliers de fidèles qui se rendent chaque année au ***sanctuaire marial de Notre-Dame*** (XVIIe -XVIIIe). Aux environs, les villages d'***Angoustrine***, ***Ur***, ***Hix*** et ***Llo*** (XIIe) préservent un patrimoine roman digne d'intérêt.

Particularisme : le cas de l'enclave de Llívia

En 1659, le Traité des Pyrénées négocié par les monarchies française et espagnole scellait le sort d'une Catalogne séparée qui eut des conséquences sur la division de la Cerdagne. Alors que 33 villages cerdans sont passés sous domination française, Llívia, ayant le statut de ville, reste soumise à la monarchie espagnole. Aujourd'hui enclave, elle n'en demeure pas moin cerdane. Llívia héberge une des plus vieilles pharmacies d'Europe (XVe).

Planès - À la limite du Conflent et de la Cerdagne, l'église de Santa Maria de la Mercè dont l'origine de construction pourrait s'établir entre le Xe siècle et le XIIe siècle, suscite mystère et curiosité par son architecture unique à plan tréflé.

Le site des Bouillouses - À l'origine, le grand lac des Bouillouses et son barrage ont été pensés pour alimenter en énergie hydro-électrique la ligne du train jaune. Site naturel classé, les Bouillouses sont aussi le point de départ des randonneurs qui suivent le GR10.

Le Capcir - *El Capcir* : Au pays des montagnes sauvages

Entre lacs, forêts et montagnes enneigées, le ***Capcir*** exerce une fascination permanente par son caractère sauvage et sa nature grandiose. Du ***lac des Bouillouses*** aux ***étangs des Camporells***, la région abrite plusieurs sites exceptionnels qui méritent le détour.

Des Angles à Formiguères

Le village des ***Angles*** et son ***église Saint Michel*** (XIXᵉ), jouissent d'un cadre naturel privilégié.

Un de ses attraits, son parc animalier, permet d'observer loups, ours et bisons. Non loin, près de ***Formiguères***, les ***grottes de Fontrabiouse*** témoignent de la richesse géologique de la contrée.

Le Vallespir - *El Vallespir*

Le ***Vallespir*** ressemble à ses légendes : Il est polymorphe. Façonné par le Tech, fleuve au cours impétueux qui déchire ses falaises abruptes, ouvre ses vals encaissés et caresse de ses eaux tumultueuses le relief plus doux de sa vallée bordée de collines, de prairies et de forêts enchanteresses.

Les textes anciens témoignent de son héritage audacieux lorsque 150 ans après le passage du chef carthaginois Hannibal, les légions romaines érigent en 70 av J.C au ***col du Perthus*** bordant la Via Domitia les trophées de Pompée, rival de César. Au moyen-âge, les Comtes-rois catalans encouragèrent l'édification de monuments religieux et défensifs.

Le ***Vallespir*** est aussi une terre d'hommes vaillants façonnés par leur environnement et leurs paysages. Ici, les traditions revêtent un sens profond d'héritage ancestral et de transmission des savoirs.

Les Angles - Depuis 1964, le village des Angles est une référence pour les amateurs de sports d'hiver car la petite station offre un domaine skiable moderne et soigneux de l'environnement.

Palalda - Entre rivières et montagnes, le village médiéval de Palalda se fond discrètement dans le paysage du Vallespir.

Chapelle Saint Martin de Fenollar - Splendeur polychrome de ses peintures à l'iconographie raffinée constituent un véritable chef-d'œuvre représentant des scènes de la Bible et des passages de l'Apocalypse. Les peintures murales datent du XIIe siècle. Avec de l'ocre, du rouge et du vert comme couleurs dominantes, Elles occupent les murs, la voûte de l'abside, l'intérieur de l'arc et la première partie de la nef.

Sur le ***col de Panissars***, le ***Fort Bellegarde***, attend le visiteur. Reconditionné au XVIIe siècle par Vauban, il est idéalement situé afin de contrôler le passage entre les comarques du ***Vallespir***, du ***Roussillon*** et de l'***Empordà***. L'ingénieur fortifiera l'ensemble des lignes pyrénéennes sur la zone la plus septentrionale de Catalogne, entre mer et montagnes jusqu'aux confins du ***Vallespir*** où le ***Fort Lagarde*** surveille les hauteurs de ***Prats de Molló***. C'est alors une terre d'enjeux ponctuée de périodes difficiles comme l'atteste la révolte des Angelets de la Terra (Angelets de la Terra : Groupe de paysans du ***Vallespir*** soulevés contre les autorités) contre l'instauration de la gabelle (impôt sur le sel) auquel ces hommes, usurpés de leurs biens et privilèges ont été soumis après le Traité des Pyrénées.

La Fête de l'Ours dans le Haut Vallespir

(Candidature UNESCO) Patrimoine immatériel

Issues de légendes païennes et d'anciens rites initiatiques de la fertilité, les fêtes de l'Ours célèbrent toute la mystique du ***Vallespir*** à l'arrivée du Printemps. À l'aube, les anciens assistent l'animal réincarné revêtu de ses oripeaux. Alors, ***Arles sur Tech***, ***Saint Laurent de Cerdans*** et ***Prats de Molló*** se transforment en un terrain de chasse où l'ours, mi-homme, mi-bête pourchasse les jeunes filles.

Traquée, la bête est finalement capturée pour être rasée sur la place principale des villages afin de retrouver son aspect humain. Authentique et forte en émotions, la Fête de l'Ours reflète le caractère du ***Vallespir***.

Fêtes de l'Ours en Vallespir - Ces fêtes célèbrent toute la mystique du Vallespir à l'arrivée du Printemps.

Prats-de-Mollo-La Preste -
Le Fort Lagarde.

Prats-de-Molló-La Preste - *Prats de Molló-La Presta*

Aux confins du ***Vallespir***, cette ancienne ville royale fortifiée fut un grand centre économique qui devait sa prospérité à l'agriculture, la forge et les filatures. La ***tour de Guàrdia*** (XIIIe s.), les ***murailles*** (XIVe et XVe s.), la ***place d'armes*** et le ***fort de la Garde*** du XIVe indiquent la valeur stratégique de la cité. Vauban s'est appuyé sur cette architecture redoutable pour améliorer cet ouvrage militaire au XVIIe.

Prats-de-Mollo-La Preste - Vue de l'église baroque de Sainte Juste et Sainte Ruffine (XVIIe).

Situé sur les hauteurs, Saint Laurent de Cerdans garde en mémoire son savoir-faire industriel.

Saint Laurent de Cerdans - *Sant Llorenç de Cerdans*

Entre les XIXe et XXe, ***Saint Laurent de Cerdans*** vivait au rythme cadencé des métiers à tisser anglais importés de Barcelone produisant tissus et espadrilles. Des familles entières se transmettaient l'art de manier la navette et tramer les fils colorés ornant nappes et serviettes du traditionnel motif losangé qui paraient les tables catalanes d'autrefois. D'autres, le soir, après l'ouvrage quotidien de la

Saint Laurent de Cerdans -
confection d'espadrilles dans les ateliers.

Arles sur Tech - À gauche : L'église abbatiale de Santa Maria est une des premières à incorporer les formes lombardes dans l'architecture catalane dès le XIe siècle. Cette dernière héberge aussi les reliques des saints Abdon et Sénen ; **à droite :** Le cloître gothique en marbre blanc a été achevé au XIVe siècle.

terre, tressaient et formaient la corde des semelles cousues qui, parées de bandeaux de cette toile solide deviendront les Vigatanes, si élégantes aux mollets des sardanistes, les Xirugues (Vigatanes, Xirugues, type d'espadrille) des tailleurs de vignes et enfin l'espadrille qui a su traverser le temps en se déclinant de mille manières grâce à la créativité des jeunes générations. Aujourd'hui, beaucoup de tisserands ont disparu suivant en cela le cours du progrès et de la modernité, mais le bruit répété des machines résonne encore. Les motifs ont changé et les nouvelles créations de tissus catalans des « Toiles du Soleil » s'exportent dans le monde entier.

Arles sur Tech - *Arles de Tec*

Depuis le ***Haut Vallespir***, la mémoire des anciens perpétue la tradition : au Vendredi saint, symbole de pénitence et de recueillement, la ***procession de la Sanch*** d'***Arles*** rappelle la grande importance de ce centre monastique dans la Catalogne médiévale.

Aux sources du Vallespir

Curiosité naturelle, les ***Gorges de la Fou*** valent le détour pour une promenade pleine de fraîcheur. Que dire du thermalisme qui joint l'enchantement de l'eau à celui du feu régénérateur, sinon qu'il coule de source en ce pays où, au XIXe siècle, les têtes couronnées se pressent pour « prendre les eaux » du ***Boulou***, d'***Amélie-les-Bains*** et de ***la Presta***.

À gauche : Amélie-les-Bains - La station thermale. **À droite : Les gorges de la Fou -** Curiosité naturelle, les Gorges de la Fou valent le détour pour une promenade pleine de fraîcheur.

Céret - À l'entrée de la ville, le Pont du diable (XIVe siècle) enjambe le cours du Tech qui murmure la légende de cet ouvrage inachevé.

Le Musée d'art Moderne de Céret - Les plus grands artistes ont séjourné et créé à Céret. La collection du musée présente une sélection exhaustive d'oeuvres du XXe siècle.

Céret - Ceret : Capitale du Vallespir

Havre de paix, la capitale du ***Vallespir*** et de la Cerise vit sous le signe de l'abondance. Son patrimoine en fait une ville artistique par excellence.

- Céret, ville d'Art

Entourée de paysages idylliques et favorisée par un climat doux et ensoleillé, la ville attire les artistes venus y trouver l'inspiration. Elle ouvre ses portes à Dufy, Matisse, Chagall, Soutine, Miró, Dalí et tant d'autres. Au XXe siècle, ***Céret*** devient la « Mecque du Cubisme » fréquentée par Manolo Hugué, Pablo Picasso, Auguste Herbin, Juan Gris, ou Georges Braque. En 1950, la ville se dote d'un ***Musée d'art moderne*** sous l'impulsion de Franck Burty Haviland, de Pierre Brune. Sur les hauteurs, le ***Couvent des Capucins*** (XVIe siècle) vivra mal la Révolution française. Il sera restauré grâce à Haviland qui l'honore de la visite de Déodat de Séverac et André Masson.

Dans le centre historique, depuis la ***place des neuf jets*** une rue mène à l'***église Saint-Pierre*** (XIVe s.), subtil mélange de roman et de baroque, Non loin, la ***Porte de France*** ouvre sur la ***place de la République*** tandis que la promenade bordée de platanes conduit au ***musée d'art moderne***.

- Aux abords de Céret

Tandis que la ***chapelle romane de Saint-Ferréol*** (XIIIe siècle) invite à la méditation, À ***Maureillas***, ***Vivès*** et ***Le Boulou***, la ressource abondante de forêts de chênes-liège a contribué à développer la récolte et la transformation du liège.

Ermitage de Saint-Ferréol,
lors d'un rassemblement de pèlerins.

Du littoral à la Côte Vermeille

Tout au Nord, l'*étangs de Salses-Leucate* forme une lagune exceptionnelle à la faune riche et à la flore variée. En parallèle, la côte sablonneuse étire ses courbes du *Barcarès* à *Argelès* baignée par la caresse des vagues.

Prédisposée aux loisirs, la côte fait le bonheur des estivants venus chercher soleil et repos sur les plages de *Canet*, de *Saint Cyprien* et d'*Argelès*. Au-delà, le sable cède la place à la roche éclaboussant de lumière les paysages idylliques de la *Côte Vermeille*.

Du *Cap Béar* à *Cerbère*, criques et falaises s'inscrivent dans un décor inspiré des récits homériques. Au loin, le *Cap de Creus*, cher à Salvador Dalí, pointe. Là, les Pyrénées viennent embrasser la Méditerranée dans un amour fusionnel teinté d'ocre et d'or sous le rayonnement d'un soleil dont les dernières lueurs du jour rougissent les reliefs des *Albères* et abreuvent de lumière les vignobles suspendus de *Collioure* et de *Banyuls-sur-Mer*. Là, Aristide Maillol sculpte la Méditerranée. Là, les peintres s'envolent dans leur élan artistique et le Fauvisme voit le jour.

Collioure - Cotlliure

Déjà fréquentée par les Grecs et les Romains dans l'antiquité, la ville joue un rôle majeur au Moyen Âge dont elle est un des principaux ports d'attache de la côte catalane. Son *Château Royal* (XIIe-XIVe s.), stratégiquement situé, fut la résidence des rois de Catalogne-Aragon et de Majorque. Bénéficiant de privilèges royaux, elle se développe grâce au commerce des draperies et des épices. Le port sera remodelé entre les

Vue sur l'étang de Salses.

À gauche : Vue du port de Collioure et de son château royal. **À droite :** Vue de Collioure et des Albères en toile de fond.

XVIIe et XVIIIe siècles, ce qui aboutira à son architecture actuelle. Les barques catalanes qui flottent dans le port ne sont pas sans rappeler que la pêche et notamment la pêche au lamparo a prospéré pendant des siècles.

Dans cet havre marin où la superstition se lie à la religion, la ***chapelle Saint Vincent*** (XVIIe), perchée sur son promontoire, marque religieusement le respect de pêcheurs et marins venus y chercher protection. Elle est aujourd'hui, le point de départ des fêtes de la Saint Vincent (du 15 au 19 août). Posée sur les eaux, l'***église de Notre-Dame-des-Anges*** s'ancre sur la baie et abrite plusieurs retables du XVIe et XVIIe siècles, œuvres de Josep Sunyer. Elle s'adosse à l'***ancien phare médiéval*** devenu aujourd'hui ***clocher*** et qui symbolise ***Collioure*** à travers le monde.

Surplombant la baie, le ***Fort Saint Elme*** (XVe) voulu par Charles Quint veille sur ***Collioure***. Les ***tours de la Massana*** et de ***la Madeloc*** (XIIIe) en font autant depuis les hauteurs. Elles servaient de système de défense du Royaume de Majorque et contrôlaient la côte. Sur les collines attenantes les murets de pierres sèches dessinent les lignes des vignobles dont le breuvage béni des Dieux accompagne les mets gastronomiques locaux comme l'anchois, dont la préparation traditionnelle est une spécialité de Collioure.

Collioure et le fauvisme

Dans les années 1900, la ville rayonne et devient œuvre d'art ! Elle accueille les grands peintres venus y célébrer la lumière, augurant la naissance du Fauvisme sous le pinceau de Matisse, de Dufy, de Terrus et bien d'autres. Le Fauvisme baigne les ruelles schisteuses de Collioure où les façades colorées réverbèrent la luminosité ambiante. Sur les traces des artistes, l'***Hôtel des Templiers*** comme le ***musée d'art moderne*** sont les lieux incontournables pour s'imprégner de cette atmosphère bohème.

Port Vendres - À quelques encablures de Collioure, Port Vendres a été un grand port de voyageurs et de marchandises jusqu'au milieu du XXe siècle. Il est encore un port de commerce et de pêche important. L'architecte écossais Charles Rennie MacKintosch qui avait arpenté la côte rocheuse en 1925 lui apporte sa touche artistique et un circuit d'interprétation permet de découvrir certaines de ses oeuvres.

Banyuls - C'est à Banyuls que le GR10 vient terminer sa course en Méditerranée après son long périple pyrénéen quand les sentiers chevauchent ruisseaux et terrains escarpés nous conduisant sur les hauteurs où la vue majestueuse incite à la randonnée.

Banyuls-sur-Mer - *Banyuls de la Marenda*

Marins, pêcheurs et vignerons, les banyulencs ont bravé les forces de la nature pour mieux façonner leur paysage. Depuis la mer jusqu'aux ***Albères***, les vignobles ondulent sur les coteaux à perte de vue. Ils rejoignent les ***caves de Banyuls*** qui abritent les grands crus et gardent secrètes les recettes alchimiques qui ont fait la notoriété de ces nectars.

Sur ce territoire teinté d'ocre où la végétation méditerranéenne exhale ses fragrances, les vendanges finissent d'embaumer village et alentours. Un tel cadre ne pouvait qu'inspirer le sculpteur catalan Aristide Maillol qui a réalisé dans son mas natal (***Musée Maillol***), une partie de ses plus belles œuvres aujourd'hui visibles dans le monde entier.

Dans un cadre plus scientifique et tout aussi pédagogique, ***Banyuls*** abrite le ***Biodiversarium*** (observatoire océanologique, aquarium et Jardin Méditerranéen) qui excelle dans la recherche en écologie marine. Ce dernier veille à la biodiversité méditerranéenne et à la protection de la ***réserve marine de Cerbère-Banyuls*** à la grande joie des adeptes de la plongée.

Au-delà, la route serpente sur une corniche surplombant la mer qui mène à ***Cerbère***. À l'horizon, le ***Cap Cerbère*** épouse la Méditerranée et fusionne avec la Costa Brava pour filer jusqu'au ***Cap de Creus***.

Caves des Templiers - Les caves abritant les grands crus de Banyuls.

Table des matières

Remerciements : Jeanine Ponsaillé, Nadine Astruc, Magali Rezoug, Dominique Avino, Georgette Ville, Cécile Philipon, Sandrine Rubio, Gisela Codina, Lluïsa Cerdà, Annabelle Brunet, Michelle Deprez, Eric Forcada, Oscar Jané, Alain Sanchez, Joan-Lluís Lluís, Antoine Gasquez, Bétrice Delonca, Aurélia Greiveldinger.

© 2018 - Éditions Jean-Paul Gisserot - Imprimé et façonné par Pollina à Luçon
n°84211 - Imprimé en France